Couvertures supérieure et inférieure
manquantes

SCIENCE ET RELIGION

Études pour le temps présent

LES ÉLUS DANS L'ÉGLISE

ET HORS DE L'ÉGLISE

PAR

l'Abbé J. LAXENAIRE

Docteur en théologie Professeur au Grand Séminaire de Saint-Dié.

PARIS

LIBRAIRIE BLOUD ET Cie

4, RUE MADAME ET RUE DE RENNES, 59

—

1903

Tous droits réservés

LES ÉLUS DANS L'ÉGLISE
ET HORS DE L'ÉGLISE

L'Église.

La divine figure de Jésus-Christ domine tout en ce monde, les hommes et les événements.

L'histoire se divise en deux parties, *avant Jésus-Christ* et *après Jésus-Christ*.

Aussi la vie de l'Homme-Dieu est « plus qu'une date, C'EST UNE ÉPOQUE »; c'est le commencement de l'ère que nous appelons de son nom l'ère chrétienne.

Et ceux même qui ne voient pas le côté transcendant de sa physionomie, lui rendent chaque jour un hommage involontaire : ils ne peuvent dater une lettre, dit quelque part Ernest Hello, sans affirmer que les siècles partent de lui et qu'il a déplacé le centre de gravité du monde.

***

Quel a été le but de cette théophanie qu'un Père de l'Eglise appelle l'extase de la pensée et du cœur de Dieu ?

Laissant les quatre-vingt-dix-neuf brebis fidèles, dit l'Evangile en son style populaire, le Fils de Dieu est venu chercher la centième, notre humanité qui s'était égarée (1).

(1) Luc, xv, 4.

Et il l'a arrachée à l'ignorance et au mal : voilà pourquoi, dans le langage chrétien, nous l'appelons le Sauveur.

Mais ce n'est pas seulement à une œuvre d'affranchissement qu'il a voué sa vie : c'est aussi à une œuvre créatrice.

Il est venu appeler l'humanité à une vie intellectuelle et morale plus haute ; il lui a proposé un idéal plus élevé, l'idéal évangélique.

C'est, en effet, une loi générale de la nature que les êtres supérieurs tendent à se donner en élevant à eux les natures inférieures ; ainsi la vie associe la matière à ses opérations ; l'intelligence fait servir à ses fins les forces physiques et psychiques, et le cerveau devient le noble instrument de ses plus hautes opérations ; l'éducateur éveille chez son disciple la vie de l'esprit et du cœur, et entre son âme et cette âme, fille de la sienne, s'établit une communion très réelle d'idées et de sentiments.

Pourquoi Dieu ne pourrait-il pas faire à l'égard de l'homme ce que la vie et l'intelligence font pour la matière et ce que l'homme fait pour son semblable ?

Nous, catholiques, nous croyons que Dieu a réalisé ce rêve audacieux, en nous donnant par l'Incarnation ce que nous appelons la vie surnaturelle.

Et nous estimons que, loin de nous amoindrir par ce surcroît, il a donné satisfaction aux aspirations les plus intimes et les plus profondes de la nature humaine, et même aux exigences de la pensée contemporaine

Ecoutez, en effet, les philosophes les plus autorisés de notre temps : ils constatent que nous éprouvons le besoin d'être, d'être toujours davantage, de croître jusqu'à l'infini.

Développer toutes nos puissances d'être et d'agir ; être le plus possible, agir et vivre le plus possible : telle est « la poussée de désir et de vie qui monte de la matière et se fait jour dans la conscience (1). »

Or, l'Evangile, qui est le code du surnaturel, est un appel à la vie, une excitation continuelle vers le plus être, vers le progrès, une invitation pressante à donner toujours plus de valeur morale à notre vie.

Et la grâce, qui est la forme principale du surnaturel, est un complément et un surcroît que le progrès de notre volonté postule et réclame au lieu de le repousser ; et le don qu'en fait Dieu à l'homme n'est qu'une application du principe d'association, dont personne ne conteste l'excellence et la fécondité.

Les *élus* sont ceux qui acceptent cette collaboration de Dieu, et qui, joignant leurs efforts au concours qu'elle leur apporte, mettent leur vie en valeur et y fixent pour toujours l'idéal évangélique.

Dans la Sainte Ecriture, en effet, ce mot implique le double sens de *choisi* et *digne d'être choisi* (2).

Ce ne sont pas, comme on l'a dit, des « esprits éteints ni des cadavres d'âmes ».

C'est une *élite*, comme le mot lui-même l'indique, et dans cette élite, il y a une hiérarchie

---

(1) *Revue philosophique,* août et septembre 1901. *Philosophie de la grâce,* par M. Récéjac.
(2) *Dictionnaire de la Bible,* article *Élu,* par M. Lesètre.

au sommet de laquelle se trouvent ceux que nous appelons les saints et à qui nous rendons un culte public.

La grâce n'a « éteint » en eux aucune lumière ni tué aucune énergie. De même que dans un organisme le principe vivant n'altère pas le groupement des molécules chimiques, mais s'y superpose pour en diriger l'évolution dans le sens du type de perfection qu'il s'agit de réaliser, ainsi la vie surnaturelle ne viole pas l'autonomie propre à l'être libre.

Si elle mortifie les passions, c'est pour en diriger les forces vives et les subordonner au développement de la vie supérieure de l'esprit.

La grâce qui fait les élus, ne brise pas davantage l'unité de la personne humaine ; car, malgré la transcendance du surnaturel, il pénètre le moi humain, et toute l'activité morale n'est que la manifestation d'une même vie toujours identique à elle-même.

Où trouver, d'ailleurs, des vies plus unes que celles de nos grands saints, chez qui toutes les puissances d'agir sont subordonnées à une énergie centrale à laquelle ils obéissent ?

Donc, les élus sont bien le vrai « *surhomme* » rêvé par certaine philosophie, et le surnaturel chrétien est pour l'humanité la seule apothéose qui, tout en restant mystérieuse, n'aboutisse pas aux rêveries du panthéisme ou à l'immobilité du nirvâna.

Dieu n'a pas seulement fait sienne une individualité de la nature humaine, il s'unit à chaque homme par la grâce ; Jésus-Christ appelle tous les hommes, depuis l'enfant du peuple jusqu'à l'esprit le plus « intellectuel », à incarner dans leur vie, suivant leur capacité, l'idéal qu'il a lui-même vécu, et qui n'a jamais été surpassé, pour les élever tous jusqu'à sa ressemblance et les grandir jusqu'à sa taille, suivant le magnifique langage de saint Paul ! (Ephes., iv, 13).

*
* *

Mais pour mener à bien cette œuvre, Jésus-Christ devait se survivre, et se survivre au sein de l'humanité.

Voilà pourquoi il n'a pas fondé seulement une religion, mais une société religieuse.

D'autant plus que pour tout être intelligent, la société est la voie naturelle qui le conduit à son développement normal.

Et il a fondé cette société, non pour que chacun travaille individuellement à sa perfection morale, mais pour que tous ne soient qu'un et forment un corps dont la tête est celui que saint François de Sales appelait le «Grand Unisseur».

Jetons un coup d'œil d'ensemble sur cette société qui s'appelle l'Eglise.

Il n'y a rien qu'on ne puisse concevoir sous ce double aspect : le principe formel et le principe matériel, l'élément visible et l'élément invisible ; aussi les théologiens distinguent dans l'Eglise l'âme et le corps.

Voici l'explication de ces termes.

En tout être vivant, il y a un principe vital qui, chez l'homme et chez les animaux, s'appelle l'âme.

C'est l'âme qui façonne le corps et lui communique l'être et la vie ; c'est elle qui donne au

composé son caractère propre, son type spéci-
fique ; elle est « l'idée directrice » qui préside
au développement harmonieux du corps et au
jeu compliqué des fonctions vitales.

Par analogie, on dit que les corps moraux ou
les sociétés ont aussi une âme et un corps. Le
corps, ce sont les membres qui en constituent
l'élément visible ; l'âme, c'est l'idée ou le principe qui fait vivre la société, qui lui donne sa
physionomie propre et en fait un être moral
vraiment un.

En conséquence le corps de l'Église, ce sont
les hommes qui remplissent les trois conditions
fondamentales posées par Jésus-Christ, c'est-
à-dire qui croient les mêmes vérités révélées,
au moins d'une foi générale, qui reçoivent les
mêmes sacrements et obéissent au même chef.

Quant à l'âme de l'Eglise, on conçoit qu'elle
n'est pas comme chez les individus une subs-
tance à part.

Elle ne consiste pas non plus, comme on le
dit souvent, dans l'ensemble des justes ; car,
les membres d'une société ne sauraient en être
l'âme.

Le Saint-Esprit enfin n'est pas l'âme de
l'Eglise ; il en est seulement le principe géné-
rateur ; voilà pourquoi cet article du symbole :
Je crois au Saint-Esprit est suivi de cet autre :
Je crois à l'Eglise catholique.

Qu'est-ce donc enfin que l'âme de l'Eglise ?
C'est l'élément divin qui l'anime, la grâce
sanctifiante qui se manifeste surtout par la
charité.

C'est là l'idéal intérieur qui est dans l'Eglise
le principe de vie et de développement, et qui

invisible en lui-même, rayonne au dehors à travers les imperfections et les rides du corps.

Et de même que dans l'organisme l'âme est l'architecte intérieur qui élève l'édifice vital et répartit les matériaux suivant l'influence de l' « idée directrice » qu'il faut réaliser ; ainsi la grâce sanctifiante est le principe actif et vivifiant qui bâtit la cité de Dieu et porte la vie dans chaque partie du vaste organisme de l'Eglise.

*
* *

Ainsi donc la synthèse de ces deux éléments, l'âme et le corps, constitue la vie de l'Eglise.

L'Eglise n'est donc pas un « théorème qui marche », ni un système qui déroule la série de ses conséquences ; c'est un organisme vivant, dont la vie est aussi réelle et aussi palpable que celle de l'individu.

Or, dans toute tendance vitale, il y a, dit Auguste Comte, un élément stable, un principe statique ou de persévérance dans l'être initial, et un principe dynanique, c'est-à-dire de progrès par une poussée interne.

Telle est aussi l'Eglise catholique.

Elle demeure immuable dans sa structure interne, depuis que Jésus-Christ en a tracé de sa main divine les lignes maîtresses, et il est impossible d'admettre avec certains auteurs, comme M. Harnack (1), que son organisation extérieure, dans ce qu'elle a d'essentiel, aurait

____

(1) *Précis de l'histoire des dogmes*, par Adolphe Harnack, traduction française, p. 53.

été le produit de facteurs humains et le terme d'une évolution lente et progressive.

Mais il n'en faut pas conclure qu'elle est immobile et pétrifiée ; car elle renferme un élément changeant et variable qui est, comme toute vie créée, dans la « catégorie du devenir ». Car vivre, c'est changer, c'est « achever de devenir soi-même ».

Ainsi le vieux Credo des temps apostoliques est intangible, toujours le même, sur les lèvres des peuples modernes comme dans les pages vénérables toutes blanches de la poussière du passé.

Mais il n'a rien de l'immobilité des momies enveloppées de leurs bandelettes, comme le lui reprochait naguère M. Sabatier. Car, suivant la loi du processus vital, la divine semence confiée à la terre se développe, les formules du dogme révèlent de plus en plus leur contenu, et des vérités jusqu'alors enveloppées d'ombre se dégagent peu à peu : il y a progrès.

Et dans l'ordre pratique, la vie chrétienne, identique à elle-même dans ses lois essentielles, s'épanouit en initiatives nouvelles, et l'Eglise façonne, suivant les exigences du milieu et les besoins du moment, l'argile dont sont faites les sociétés.

Ainsi se diversifie à l'infini le geste éternel par lequel la divine ouvrière rassemble les Elus, faisant éclater dans son action si souple la sève toujours montante d'une indéfectible jeunesse.

Sachant que sa mission n'est pas de veiller sur les cimetières où dorment les choses mortes, mais de communiquer la vie autour d'elle à toutes les âmes de bonne volonté, la « *sublime voyageuse* » dont parle Bossuet, s'en va sur la route inconnue que trace devant elle la main divine.

Et ne demandant ici-bas que le libre passage, elle fait chaque jour dans le monde sa moisson d'Elus, et l'emporte au ciel dans la maison du Père de la grande famille humaine !

Y a-t-il des élus hors de l'Église ?

Jésus-Christ a dit cette solennelle parole : « Je suis la Voie, la Vérité et la Vie ; *nul ne vient au Père, si ce n'est par moi.* » (Joan., xiv, 6.)

Et l'*Imitation de Jésus-Christ,* le livre que M. Thiers trouvait plus beau que l'Evangile, que A. Comte méditait pendant des journées entières et dans lequel Michelet se délassait, l'*Imitation* commente ainsi l'affirmation du Maître : « Sans la voie, on ne peut aller ; sans la vérité, on ne peut connaître ; sans la vie, on ne peut vivre (1). »

En d'autres termes, hors de l'Eglise de Jésus-Christ, il n'y a pas de salut.

Cette doctrine, on vient de le voir, est aussi ancienne que le Christianisme et que la vérité elle-même ; on la trouve dans les écrits des premiers Pères, tels que saint Ignace et saint Irénée, aussi bien que dans l'Evangile ; mais c'est Origène qui semble avoir employé le premier cette formule que l'Eglise a faite ensuite entièrement sienne (2).

Jamais sa pensée n'a varié sur ce point ; mais elle en a fait l'application à chaque époque suivant les besoins du moment.

Quelquefois elle y a insisté davantage ; c'est quand ceux qui demeuraient séparés d'elle étaient plus inexcusables.

(1) Livre III, ch. lvi.
(2) Origène, Homil. III, in Josue.

En d'autres temps, sans jamais taire ni diminuer la vérité, elle n'a pas proclamé ce point particulier avec le même éclat et la même solennité, pour ne pas jeter le trouble dans des consciences de bonne foi.

Peut-être est-il permis de regretter que cette formule si concise, excellente pour des théologiens, soit devenue d'un usage courant dans l'enseignement populaire ; car, si elle est rigoureusement vraie, elle a besoin d'être éclaircie par des explications précises ; et le peuple qui est simpliste, prend facilement tout ce qu'il entend au pied de la lettre.

Quoi qu'il en soit, elle est l'expression de l'orthodoxie la plus pure, et non, comme dit Rousseau, « un épouvantail dont on se sert pour retenir un hôte chez soi, afin qu'il n'aille point loger chez le voisin. »

Les protestants qui nous en ont fait un crime l'ont cependant employée comme l'Eglise catholique. On la trouve en toutes lettres dans leurs premières « *Confessions* », surtout de 1530 à 1560 (1).

Depuis, ils en ont modifié le sens, suivant l'esprit et les tendances de chaque église particulière ; mais ils en ont gardé le fond : l'église anglicane, par exemple, professe aujourd'hui encore qu'il n'y a pas de salut sans la foi en Jésus-Christ ; il en est de même de l'Eglise méthodiste.

Tous d'ailleurs, tant qu'il leur reste un simulacre de foi, ne sont-ils pas, au point de vue doctrinal, intolérants pour les déistes, comme

____

(1) Dublanchy, p. 382 et suivantes.

ceux-ci le sont eux-mêmes pour les athées ?

Car cette formule est l'expression même du bon sens.

Celui qui a dit : JE SUIS LA VÉRITÉ, a fondé une société religieuse qui garde le dépôt de son enseignement et par conséquent le dépôt de la vérité ; or, toute vérité, toute affirmation est nécessairement la négation de son contraire ; elle repose sur le principe qui est la clef de voûte de toutes nos connaissances, le principe de contradiction.

Le même a dit : JE SUIS LA VOIE ; or, toute voie, par le fait qu'elle est la voie, exclut ce qui n'est pas elle ; en dehors de la voie, on peut marcher et se fatiguer, mais il est impossible d'aller au but.

Il a dit encore : JE SUIS LA VIE. Or toute vie est réglée par des lois, et ces lois sont fatalement intolérantes. Leur violation implique un désordre, une déchéance qui conduit à la ruine et à la mort : quel être vivant peut subsister au mépris des lois constitutives et essentielles qui le régissent ?

Or, telle est la loi fondamentale posée par le Législateur suprême à la base de la société chrétienne : CELUI QUI CROIRA SERA SAUVÉ ; CELUI QUI NE CROIRA PAS SERA CONDAMNÉ. (Marc, XVI, 15.)

*
* *

Il faut s'entendre cependant.

Une législation quelconque, et par conséquent le code évangélique lui-même, ne peut devenir obligatoire qu'après avoir reçu une promulgation suffisante : comment un dogme ou un précepte quelconque pourraient-ils s'imposer à la conscience d'un Hottentot qui n'en a jamais entendu parler ?

Il y a plus.

La loi en question est une loi pénale ; terrible est le châtiment qui en punit la transgression. Mais une loi pénale ne peut frapper que des coupables ; et la culpabilité suppose non seulement le fait de la violation de la loi, mais la faute volontaire, c'est-à-dire l'intention qui seule donne à l'acte sa moralité.

Ceci est d'une évidence axiomatique.

Or, il y a une infidélité involontaire qui, comme tout écart de bonne foi, n'engage en aucune façon la conscience.

La justice la plus élémentaire exige que personne ne soit rendu responsable des faux jugements contre lesquels il a été impossible de se garer et des erreurs qui ne sont, comme on l'a dit, « qu'un faux pas dans le chemin de la vérité ».

Donc, ceux-là seuls sont justiciables de la sentence divine qui ferment sciemment les yeux à la lumière et repoussent volontairement la vérité.

Et ceci est pleinement conforme aux données de ce bon sens qui, d'après Bossuet, est le « maître de la vie humaine », et dont nous nous inspirons dans nos appréciations.

Nous flétrissons avec indignation l'homme privé ou public qui ment à ses convictions, fait fléchir sa conscience devant son intérêt ou son caprice, et repousse la vérité, uniquement parce qu'elle lui impose des devoirs ou des sacrifices.

C'est donc la bonne foi qui est ici le juge suprême et sans appel, tellement que celui qui est de bonne foi dans l'erreur, ne peut pas en sortir sans se rendre coupable, aussi longtemps que dure cette bonne foi ; voilà pourquoi l'Eglise, qui a toujours respecté la vraie liberté de conscience, n'accueille dans son sein ceux qui viennent à elle, que s'ils lui fournissent la preuve d'une conviction raisonnée et d'une adhésion motivée à ses enseignements.

Rousseau est donc simplement comique, lorsqu'il verse des larmes hypocrites sur le sort de ce « bon vieillard éternellement puni de la paresse des Apôtres, lui qui était si bon, si bienfaisant, et qui ne cherchait que la vérité (1). »

Le sort des hommes dans l'éternité n'est pas une affaire de chronologie ou de géographie.

C'est une question de dispositions intérieures.

La naissance peut être, au point de vue religieux comme en toutes choses, une infériorité.

Jamais elle n'est un crime.

Personne n'est damné pour avoir ignoré ce qu'il ne pouvait connaître, ou pour n'avoir pas fait ce qu'il était dans l'impossibilité de faire.

*
* *

Faut-il en conclure qu'il y a des « élus hors de l'Eglise » ?

Non, et voici pourquoi.

Les conditions normales de salut sont dans l'Eglise à qui Jésus-Christ a donné les deux

-----

(1) *Émile,* l. IV, p. 363.

grands agents de sanctification, la vérité intégrale et les sacrements.

Mais, après l'institution de l'Eglise comme
avant, Dieu emploie d'autres moyens ; par son
action directe qui est indépendante des causes
extérieures, il peut appeler et sanctifier les
âmes de bonne volonté.

Et quand, par un effort personnel, elles ont
collaboré au travail intérieur de la grâce, elles
ne sont plus hors de l'Eglise ; elles appartiennent de fait à l'âme de l'Eglise, puisqu'elles
ont la grâce sanctifiante; et elles appartiennent
intentionnellement au corps (*in voto*, disent
les théologiens), puisque la bonne volonté que
nous leur supposons contient implicitement
le désir de se faire incorporer à l'Eglise, seule
société fondée par Jésus-Christ pour conduire
l'humanité à sa fin.

De sorte que, sans être pleinement dans l'ordre voulu de Dieu, ces âmes vivent de la vie
de l'Eglise.

Ce sont, dit en un langage gracieux le
P. Monsabré, autant de « fleurs écloses là où
l'Eglise donne à respirer le parfum de son
âme (1). »

On a dit que cette doctrine était de nature à
décourager les missionnaires qui, au prix de
sacrifices souvent héroïques, travaillent à re-
culer les frontières de l'Eglise. Si les infidèles
peuvent entrer dans l'Eglise et être sauvés
sans leur ministère, à quoi bon tant de dévouement ?

Il est vrai que celui qui donne à leur aposto-

____

(1) 102ᵉ Conférence. *L'autre monde.*

lat toute son efficacité, peut ouvrir lui-même les esprits et parler directement aux cœurs ; ils peuvent donc s'appliquer à la lettre le mot de l'Evangile : « Nous ne sommes que des serviteurs inutiles. »

Mais, il leur reste, comme récompense de leurs sacrifices, la double gloire d'être les ouvriers de Dieu et de travailler à la noble tâche d'ouvrir à des créatures humaines le chemin de la vérité : sur leurs cadavres passera la civilisation chrétienne à laquelle ils serviront de marchepied.

D'ailleurs, si le salut est possible hors du corps de l'Eglise, il est plus difficile ; l'intelligence n'a ni la vérité intégrale, ni un enseignement infaillible ; la volonté manque d'une foule de secours, tels que les sacrements, le culte extérieur, etc.

Ajoutons enfin que s'il faut supposer la bonne foi chez une foule d'hommes étrangers à l'Eglise, il est impossible d'en mesurer exactement le degré : « Jamais, dit le comte de Maistre, nous ne cesserons, ni de tout espérer pour la bonne foi, ni de trembler en songeant que Dieu seul la connaît (1). »

Rien donc n'est plus urgent que de multiplier pour eux les moyens de salut.

C'est bien aussi la pensée du *Syllabus* qui condamne cette proposition : « On doit bien espérer du salut de ceux qui ne vivent pas dans l'Eglise catholique (2). »

______

(1) *Lettres à un gentilhomme russe*, p. 114.
(2) *Syllabus*, 17ᵉ proposition.

*
* *

Ainsi donc l'âme de l'Eglise s'étend plus loin que son corps.

Comme dans tout être vivant, elle tend à attirer à elle les éléments assimilables et à les incorporer à l'organisme qu'elle vivifie.

Aussi elle déborde le corps.

Elle ressemble à l'Océan qui, par des artères invisibles, pénètre au delà de ses frontières apparentes, jusqu'au sein des continents.

« Beaucoup de ceux qui paraissent dehors sont dedans, disait déjà saint Augustin en parlant de l'Eglise, et beaucoup de ceux qui paraissent dedans sont dehors. » Et Tertullien aussi parle de chrétiens du dehors, de chrétiens qui s'ignorent.

De sorte qu'à travers les cloisons religieuses, il y a une vraie communion des esprits et des cœurs.

L'Eglise catholique n'est donc pas un vulgaire panthéon, ouvert à tous les vents de doctrine, ni une caste fermée à tous ceux qui ne sont pas initiés à ses rites et à ses formules.

Elle est vraiment la religion « *en esprit et en vérité* », dont le fondateur est mort en étendant les bras sur le monde, et dont le chef, sous la poussière des Catacombes ou sous les vêtements d'or, bénit chaque jour ses fils connus et inconnus, dans la Ville et dans le monde entier : URBI et ORBI !

L'avenir éternel des enfants.

C'est un des mérites du positivisme, écrivait récemment un rédacteur de la *Quinzaine*, d'avoir formulé les deux lois qui placent l'homme dans le réseau d'influences dont il est constamment enveloppé (1).

Nous subissons une première série d'influences qui nous rattachent à nos ancêtres : c'est la loi de *continuité*, dont le dogme catholique du péché originel n'est qu'une application.

Dominés par nos ancêtres, nous le sommes aussi par nos contemporains : c'est la loi de *solidarité*.

Ces idées qui palpitent au sein de la société moderne, éclairent d'un jour très vif la doctrine chrétienne sur l'avenir éternel des enfants.

Pour entrer au ciel, l'enfant doit être incorporé à l'Eglise, comme nous venons de le démontrer ; suivant la forte parole de saint Paul, il doit « revêtir le Christ », *induere Christum*. (Galat., III, 27.) Car, dit encore la sainte Ecriture, il n'y a pas pour l'homme d'autre Sauveur.

Et de même qu'il est agrégé à la famille et à la société civile par le fait de ses parents, c'est par eux aussi qu'il entrera dans la société religieuse : ils devront par un acte spécial accepter pour lui le bienfait de la Rédemption.

Car il est absolument incapable d'acte per-

---

(1) QUINZAINE. *Catholicisme et Positivisme*, 16 novembre 1901.

sonnel, et les parents seuls, en vertu des rapports qui les unissent à lui, ont qualité pour agir en son nom.

*
* *

Dès l'origine, il y eut pour les enfants un moyen de régénération, mis aux mains des parents.

Car la sainte Ecriture atteste maintes fois que Jésus-Christ est mort pour tous les hommes (Rom., viii, 32), et que Dieu veut le salut de tous (I Tim., ii, 4); et la théologie, d'une voix presque unanime, applique ces paroles aux enfants eux-mêmes.

Il est certain d'autre part que si Dieu veut leur salut, il a dû leur en fournir le moyen.

Quel fut ce moyen?

Il consistait principalement dans la foi au Rédempteur futur, dont la promesse fut faite par Dieu près du berceau du genre humain. Tout porte à croire que cette foi, dont nous expliquerons la nature au chapitre suivant, devait s'exprimer par un acte du culte, par un signe extérieur, peut-être indéterminé, tel qu'un sacrifice, une prière, une bénédiction.

Et ce moyen, dont les parents devaient se servir à l'égard de leurs enfants, a gardé son efficacité jusqu'à l'ère chrétienne; il est probable que chez les Juifs, au moins pour une certaine catégorie d'enfants, c'est-à-dire pour les enfants mâles âgés d'au moins huit jours, il fut remplacé par le rite de la circoncision, élevé par Dieu à la dignité de sacrement.

*
* *

Depuis Jésus-Christ, le sacrement régénérateur est le baptême. La bonté de Dieu en a rendu l'administration aussi facile que possible ; quelques paroles prononcées par n'importe qui, avec l'intention de faire ce que fait l'Eglise, un peu d'eau versée sur la tête : ces deux choses si simples portent la vie surnaturelle dans l'âme, à peu près comme le son qui est par lui-même une chose purement matérielle, sert de véhicule à la pensée et à la vie de l'intelligence.

La foi nous enseigne que le baptême est absolument nécessaire. (Joan., III, 5.) Quelques auteurs prétendent trouver des exceptions ; pour les uns, le désir que la mère aurait du baptême pour son enfant, remplacerait le sacrement, tout comme sa négligence peut compromettre le salut de celui qu'elle vient de mettre au monde. Plus récemment, le Dr Schell, professeur à l'Université de Wurtzbourg, enseignait au t. III de sa *Dogmatik*, que depuis la passion et la mort de Jésus-Christ, la souffrance et la mort sont un « quasi-sacrement » qui donne la grâce sanctifiante (1).

Mais la définition si nette du Concile de Trente (session VII, can. v) ne semble pas admettre ces exceptions ; une seule a un fondement sérieux dans la doctrine et la pratique de l'Eglise : c'est le martyre.

Toutefois, quand il s'agit des régions où

---

(1) *Revue du Clergé français,* 15 janvier 1898 : *Un théologien novateur en Allemagne.*

l'Evangile n'a pas encore été promulgué, on ne peut pas affirmer avec la même assurance que les enfants morts sans baptême seront privés du bonheur du ciel.

L'Eglise ne l'enseigne pas, et un certain nombre de théologiens croient que l'ancien moyen de régénération a conservé jusqu'aujourd'hui son efficacité provisoire ; une Revue autorisée, l'*Ami du Clergé* (21 septembre 1899), donnait même cette opinion comme la « doctrine commune ».

La raison sur laquelle elle est fondée, c'est que l'Evangile n'oblige qu'après sa promulgation ; là où il n'est pas promulgué, les hommes se trouvent dans la condition où ils étaient avant la venue de Jésus-Christ.

Ce n'est pas un argument péremptoire, à cause du caractère très particulier de la loi en question ; mais on ne peut lui contester une certaine valeur.

*
* *

Et maintenant se pose une grave question.

Que deviennent les enfants qui, par la faute de leurs parents ou pour toute autre raison, ne reçoivent pas le baptême ?

Il est de foi, depuis le Concile de Florence, qu'ils sont exclus du ciel.

Est-ce là un arrêt de damnation qui les frappe au moment de leur éveil aux réalités de l'autre vie ?

Sont-ils ce bois mort que Dieu jettera au feu ?

Non, car ils sont exempts de toute faute personnelle ; ils sont simplement *condamnés* à ne pas jouir de la vision de Dieu.

L'Eglise n'enseigne pas autre chose, et il faut bien se garder de confondre son enseignement dogmatique avec les simples opinions.

Quelques Pères, assez rares, ont, sous l'influence des idées de leur temps, supposé que ces enfants sont dans un état de souffrance ; mais l'esprit de l'Eglise se prononce de plus en plus contre cette opinion.

Quel est donc le sort que la Providence leur a réservé ?

Avant tout, il faut bien comprendre que le bonheur du ciel est *surnaturel.*

Dieu doit à tout être intelligent qui ne s'en est pas rendu indigne, un bonheur en rapport avec les exigences légitimes et raisonnables de sa nature : la logique de l'œuvre divine l'exige.

Mais le « face à face » éternel promis à l'humanité est un bienfait qui dépasse les besoins et les aspirations les plus audacieuses de la nature humaine ; dire le contraire, ce serait affirmer que l'activité de Dieu et celle de l'homme ont le même aboutissement naturel, et que, par conséquent, entre la nature de l'un et celle de l'autre, il n'y a pas de différence irréductible : ce serait du pur panthéisme.

Donc, si quelques créatures humaines n'atteignent pas ces hauteurs, elles perdent une faveur inappréciable, un privilège du plus grand prix ; mais Dieu ne viole en cela aucun de leurs droits.

Elles ont droit au bonheur, mais elles n'ont pas droit à celui-là.

Elles doivent pouvoir atteindre leur fin, c'est-à-dire le bonheur raisonnable résultant de l'acquisition du vrai et de l'accomplissement du bien ; mais Dieu n'est pas tenu de leur donner davantage.

Et jamais l'inégalité des bienfaits ne pourra être considérée comme une injustice.

C'est la sagesse divine qui préside à la répartition de ses dons, et dans le plan qu'elle élabore au-dessus de nos têtes, les dissonances et les anomalies elles-mêmes concourent à l'harmonie de l'ensemble et à l'eurythmie finale. L'ordre jaillit du désordre, comme une œuvre d'art se dégage du chaos des matériaux sur lesquels a travaillé la pensée de l'artiste.

Tout au moins, la situation amoindrie de ces enfants nous fera-t-elle mieux comprendre le bienfait de notre élévation à l'état surnaturel, comme ces êtres disgraciés de la nature, pauvres débris humains que nous rencontrons parfois sur notre chemin, nous rappellent le prix des biens que nous méconnaissons.

Il faut ajouter enfin que la bonté de Dieu est hors de cause, aussi bien que sa justice et sa sagesse.

Car, suivant la pensée du plus autorisé des théologiens, saint Thomas d'Aquin, ils jouissent d'un bien-être spirituel, d'un bonheur réel, analogue sans doute à celui que nous goûtons à vivre ici-bas quand la souffrance ne vient pas assombrir notre vie (1).

Et ce bonheur est infiniment préférable au néant, car malgré les épreuves de la vie présente, combien d'hommes, même parmi les

______

(1) 2 Dist. 33, q 2. a 2, ad 5.

plus malheureux, désirent sincèrement la mort?

Il est difficile de préciser la nature de ce bonheur. D'après l'enseignement du même Docteur angélique, Celui que sainte Catherine de Sienne appelait la « douce Vérité première », se révèle à eux, non dans l'intimité et la splendeur du face à face, mais par les œuvres merveilleuses de la création, qui leur découvre quelque chose de l'idéale beauté de son auteur.

Ce bonheur, digne en tous points d'un être raisonnable, n'est pas troublé par la perspective du sort plus heureux qui est réservé à d'autres.

Car le bonheur est essentiellement relatif ; c'est, dit très justement un auteur, l'harmonie entre un être et son milieu naturel ; il consiste par conséquent dans la jouissance d'un bien en rapport avec les besoins et les aspirations de chacun ; ainsi, par exemple, qui oserait soutenir que le paysan de nos montagnes, en possession de biens en rapport avec sa condition, souffre réellement de se sentir incapable d'entrer à l'Académie ?

Qui se plaint sérieusememt de ne pas avoir d'ailes ou de ne pas être un ange ?

Or, d'après ce qui a été dit plus haut, le ciel des élus est pour l'homme un bonheur dont il peut être rendu capable, mais pour lequel il ne se sent pas fait.

Donc, les enfants, bien qu'ils en soient privés, peuvent être heureux et remercier la Providence qui les a appelés à l'existence.

Et nous pouvons résumer ce chapitre dans cette formule connue :

AUCUN N'EST DAMNÉ, BEAUCOUP SONT SAUVÉS, TOUS SONT HEUREUX.

Les adultes et les conditions de salut.

Il y a des adultes dont l'intelligence végète dans une enfance perpétuelle. Aussi, ils partageront le sort des enfants ; car ils ne peuvent porter la responsabilité d'une vie demeurée dans le domaine de l'inconscience.

On peut même dire, semble-t-il, que beaucoup de païens sont de véritables enfants ; certains sauvages sont si stupides qu'on les a crus d'une autre espèce, et on se demande ce que peut bien être dans leur jugement la faute que nous appelons péché mortel. N'est-il pas possible encore que leur raison, suffisamment éveillée et développée pour faire face aux premières nécessités de la vie, soit restée, au point de vue religieux et moral, dans une véritable enfance ? Peut-être ceux-là aussi seront-ils assimilés aux enfants par le Juge souverain des responsabilités humaines.

Mais il ne semble pas qu'on puisse ranger dans cette catégorie la plupart des infidèles, comme l'a fait récemment un savant anglais, M. Saint-Georges Miwart (*Décembre 1892*).

Beaucoup d'entre eux, bien que privés d'instruction, jouissent de l'usage complet de la raison et de la plénitude de leurs facultés naturelles.

On ne peut donc admettre pour eux un état intermédiaire entre le ciel et l'enfer.

Car Dieu veut le salut de tous les hommes et tous sont appelés à l'état surnaturel ; il leur offrira donc à un moment donné, suivant les desseins de sa Providence, les moyens d'y parvenir. S'ils correspondent à la grâce, au moins à la grâce de la prière, ils prendront place parmi les élus ; s'ils demeurent sourds à l'appel de Dieu, ils se rendent coupables de faute personnelle.

Il nous paraît donc impossible qu'ils meurent, comme les enfants, avec le seul péché originel, et qu'il y ait par conséquent pour eux un état final de béatitude naturelle, semblable à celui des enfants.

Voyons maintenant quelles sont les conditions de salut pour les adultes.

C'est en êtres libres et maîtres de leur destinée qu'ils doivent s'orienter vers Dieu.

Mais avant de donner un sens et un but à son activité, il faut qu'on sache où l'on va et qu'on connaisse le terme vers lequel on s'achemine.

Voilà pourquoi les rapports de Dieu avec l'homme qui constituent la religion révélée, commencent par l'appel de Dieu, ce que saint Paul nomme la vocation (Rom., viii, 30) ; Dieu va devant, dit Bossuet.

Il faut qu'il parle d'abord à l'humanité et que son enseignement arrive à chacun.

La réponse de l'homme, c'est la foi, acte de raison et de volonté, par lequel, aidé de la grâce, il incline librement son intelligence devant cette grande et infaillible parole.

C'est là, dit le concile de Trente (sess. VI, ch. viii), le commencement de la justification, *initium et radix justificationis* ; c'est l'éclaircie sur le ciel, par laquelle l'homme aperçoit le but final de son existence.

Ce n'est pas la vague confiance des protestants, par laquelle on croit à la rémission de ses péchés ; cette rémission est un fait interne que, sauf privilège spécial, Dieu ne révèle à personne.

Ce n'est pas une simple aspiration vers l'idéal, comme le voudraient certains rationalistes ; ce n'est pas davantage la bonne volonté, malgré l'avis contraire de Mgr Freppel (1). Enfin ce n'est pas une connaissance de Dieu purement expérimentale et scientifique, provenant de la considération de ses œuvres.

Tout cela peut faciliter l'entrée de l'âme dans l'ordre surnaturel ; mais aucun de ces actes ne suffit pour lui en faire franchir le seuil.

Il faut avant tout l'acquiescement de l'intelligence donné à la parole de Dieu, à la révélation se présentant avec tous les caractères de la souveraine et infaillible vérité.

Par conséquent, il faut que cette foi s'appuie sur Dieu lui-même, et se résolve en cette formule : *Credo quia Deus dixit ;* je crois, parce que c'est Dieu qui parle, ou comme dit le concile du Vatican (2), *propter auctoritatem Dei revelantis ;* ce que Bossuet avait appelé auparavant « L'AUTORITÉ PARLANTE ».

D'où il suit que l'acte de foi est éminemment raisonnable.

Ajoutons qu'il n'est pas nécessaire que la vé-

____

(1) *Les Apologistes chrétiens au IIe siècle. Saint Justin,* p. 324-331.
(2) *De fide catholica,* ch. III.

rité révélée soit proposée à l'homme par l'Eglise.

Ordinairement, pour les enfants et les gens du peuple surtout, l'autorité de Dieu s'incarne dans celle des parents ou du prêtre qui le représentent. Sans pouvoir faire l'analyse de leur foi avec la pénétration d'un théologien, c'est cependant à Dieu que ces âmes simples ont conscience de donner leur confiance; il est facile de voir, par exemple, dit le P. Billot après d'autres théologiens (1), qu'ils écoutent et acceptent ce qu'on leur dit au catéchisme et au prône d'une tout autre façon que les nouvelles profanes.

Et en maintes circonstances, ils ont prouvé que cette foi reposait vraiment sur le roc indéfectible que saint Thomas appelle *veritas prima*, et, par la solidité de leurs convictions, ils ont montré que l'hommage de leur confiance allait plus haut qu'à un homme; une foi aussi inébranlable ne s'appuie que sur celui qui ne peut ni se tromper, ni nous tromper, *qui nec falli nec fallere potest*, dit le Concile du Vatican.

Sur quoi doit porter cette foi nécessaire au salut ? Au moins sur les principes les plus élémentaires du christianisme.

L'éducation surnaturelle de l'âme, comme toute éducation, doit commencer par les vérités religieuses les plus simples, qui contiennent en germe toutes les autres.

(1) *De virtutibus infusis. De fide,* p. 222.

Saint Paul les ramène à deux : Dieu, la Providence qui récompensera les bons et punira les méchants (1).

Il n'est pas nécessaire d'en avoir une idée bien nette ; il suffit de croire au Dieu qui s'est mis en rapport avec les hommes, à la récompense qu'il a promise aux hommes par les mérites du Sauveur.

Tel est, dans l'ordre surnaturel « *le canevas vital* » ; telle est la foi sous sa forme la plus rudimentaire.

Cependant, dans cet acte de foi général, le croyant embrasse déjà l'ensemble des vérités chrétiennes ; car, pour croire une vérité, il n'est pas nécessaire de l'avoir toujours présente à l'esprit ; il suffit, tant qu'on n'a pas un enseignement plus complet, de donner son adhésion au principe qui la contient.

Le fidèle le plus ignorant croit ainsi tous les dogmes par la disposition générale où il se trouve d'accepter tout ce que Dieu a révélé, jusqu'à ce que, par une instruction moins sommaire, il puisse en connaître le détail.

Il y a surtout deux dogmes qui ont toujours paru intimement liés aux deux précédents : c'est la Trinité et l'Incarnation.

Cependant il ne semble pas qu'ils soient nécessaires au même degré pour une foi élémentaire : sans les premiers, en effet, il est impossible de faire un acte de repentir ou d'amour de Dieu, tandis qu'on peut le faire sans les deux autres.

Cependant la distinction est plus spéculative

____

(1) Hébr., XI, 6.

que pratique ; l'Église oblige les prêtres qui assistent les moribonds, à leur apprendre au moins ces quatre vérités, s'ils sont capables de recevoir un enseignement quelconque (1).

D'ailleurs les deux dogmes fondamentaux ont leur expression concrète dans le dogme de la Rédemption, de sorte qu'il est presque impossible de les séparer.

Il n'est pas inutile de remarquer, pour finir, qu'une foi vraie à ces vérités fondamentales, peut être associée à des erreurs multiples sur une foule d'autres points de doctrine : que d'idées fausses, relativement à la Divinité, chez les enfants, dans le peuple, même chez les esprits cultivés ! Personne n'oserait cependant affirmer qu'elles vont jusqu'à détruire en eux la foi elle-même.

Elle peut même coexister avec des pratiques idolâtriques ; il peut arriver par exemple que les divinités du paganisme soient prises pour les attributs du vrai Dieu ou pour des puissances inférieures relevant de son autorité suprême.

Dans ces différents cas, la foi aux vérités essentielles peut demeurer intacte, malgré les erreurs théoriques ou pratiques qui l'accompagnent.

*
* *

Certaines dispositions morales sont comme le produit spontané de la foi, de même que la révélation de deux hommes l'un à l'autre fait

______

(1) *Décision du Saint-Office*, 10 mai 1703.

naître entre eux des rapports d'estime et d'affection.

Le Concile de Trente (sess. VI, ch. vi.) les énumère en détail.

Par la perspective du châtiment qui punira le mal, la foi produit généralement un sentiment de crainte salutaire et bienfaisante ; mais, dans les âmes plus hautes, elle provoque immédiatement l'espérance et l'amour, l'attente pieuse et confiante de la récompense et le culte filial du divin bienfaiteur.

A ces sentiments se joindra le repentir pour les fautes passées et la ferme volonté de se conformer au divin idéal dans la mesure où il se révèle.

Cette conformité à la volonté divine doit se manifester surtout par l'emploi docile des moyens de régénération et de persévérance établis par la Providence et que nous appelons sacrements.

Deux sont spécialement nécessaires : « *Si quelqu'un ne renaît de l'eau et de l'Esprit-Saint, il ne pourra entrer dans le royaume des Cieux.* » (S. Jean, iii, 5.) C'est le baptême. Et le Maître disait encore aux chefs de son Eglise : « *Les péchés seront remis à ceux à qui vous les remettrez, et ils seront retenus à ceux à qui vous les retiendrez.* » (S. Jean, xx, 23.) C'est le sacrement de pénitence.

Mais, en cas d'impossibilité de les recevoir, la bonne volonté ou le désir suffit ; car, si ce sont des moyens régulièrement indispensables au salut, leur nécessité est fondée sur la loi positive de Dieu plus que sur la nature des choses ; et Dieu qui ne demande pas l'impossible, accepte un équivalent, la bonne volonté.

Le désir du baptême et de la pénitence est donc plus nécessaire et plus important que ces sacrements eux-mêmes.

Mais, dira t-on, ce désir est une chimère ; beaucoup n'ont aucune idée de ces moyens de salut : comment désirer une chose qu'on ne connaît pas ?

La réponse est simple ; pour ceux qui ignorent l'existence de ces sacrements, le désir implicite suffit, c'est-à-dire ce désir qui est contenu dans la volonté générale d'employer les moyens voulus de Dieu.

D'ailleurs, tous les jours ce phénomène se renouvelle dans la vie ordinaire ; quand nous adhérons à un principe, n'admettons-nous pas en même temps les conséquences encore inaperçues qui en découlent ? Ne nous attachons-nous pas à des fins qui commanderont des moyens encore inconnus, et néanmoins acceptés d'avance ?

A chaque instant, il nous arrive de désirer connaître ou posséder des choses que nous ne connaissons encore que vaguement.

*
* *

Telle est la préface des rapports de l'homme avec Dieu et l'inauguration de cette vie surnaturelle que l'humanité continuera là-haut, et que la Sainte Ecriture, essayant de traduire en langage humain les réalités supra-terrestres, nous dépeint sous l'image populaire d'un banquet et d'une fête éternelle.

Ici encore on reconnaît cette religion *en es-*

prit et en vérité, qui subordonne toujours le rite extérieur à la mentalité interne et attribue aux dispositions du cœur le rôle prépondérant dans la moralisation surnaturelle de l'homme.

La grâce est nécessaire, non pour supprimer l'activité humaine, mais pour la stimuler et l'exhausser ; la préparation à la foi et à la grâce sanctifiante est une dépense d'énergie morale et ces dons de Dieu n'ont d'autre fin que de provoquer en nous un nouveau déploiement d'activité, pour donner plus de valeur à notre vie.

Il est donc faux que dans la doctrine catholique, l'effort de la liberté soit remplacé par le caprice arbitraire de Dieu par des « vertus infuses qui sont tout le contraire de la moralité (1). »

La liberté est, aux yeux de Dieu, chose si grande et si sacrée, qu'un seul de ses actes, produit en pleine connaissance de cause, peut décider de la destinée éternelle d'une créature humaine et lui donner son orientation définitive.

Est-ce là, d'autre part, mettre le « *ciel au rabais* » ? On a dit que pour être sauvé, il suffit de pousser au dernier moment ce cri : mon Dieu !

Or, ce cri, ajoute-t-on, presque tout le monde le pousse, même les plus mauvais parmi les hommes. D'où il faudrait conclure que presque tout le monde est assuré de son salut.

Il est hors de doute que ce cri peut être purement instinctif et sans signification précise ;

____

(1) *Revue philosophique.* Août-septembre 1901. *La philosophie de la grâce*, par M. Récéjac.

mais il peut aussi bien être un acte religieux et devenir l'expression abrégée d'un acte d'amour de Dieu ou de contrition parfaite.

Et dans ce cas, il sera réellement « le huitième sacrement », chargé par la divine miséricorde, pour le cas de nécessité, de remplacer ceux qu'on ne peut recevoir.

Ouvrier de la dernière heure ou larron sur la croix, l'homme qui s'en applique la vertu, entre au ciel à la suite de Celui dont les mérites suppléent à ceux qui n'en ont pas d'autres.

Application des moyens de salut.

Dans quelle mesure se trouvent réalisées ces conditions de salut?

Quelle est la situation des hommes du passé et du présent, par rapport à ces règles providentielles?

Il est impossible de répondre avec précision à ces questions qui ne relèvent que du Juge suprême des consciences.

Essayons simplement de donner quelques indications, à la lumière de la théologie et de l'histoire.

Le christianisme naquit avec la promesse du Rédempteur, faite au premier homme, de sorte que l'idée chrétienne brille au sommet de l'histoire du monde et que l'Eglise catholique est vraiment le « *commencement de toutes choses* ».

La foi déposée alors dans le berceau du genre humain se transmit par la tradition orale des patriarches et de la société religieuse : ce fut là le véhicule ordinaire du dépôt sacré.

Malgré la corruption des mœurs et l'idolâtrie bientôt régnante, il est à croire que les vérités essentielles demeurèrent intactes dans l'esprit de bon nombre d'hommes, et que les pratiques nécessaires au salut ne cessèrent d'être en usage.

D'autant plus que des envoyés de Dieu semblent avoir eu la mission de raviver continuellement la foi et d'en maintenir l'intégrité.

Elle était d'ailleurs fixée, comme en une formule concrète et immuable, dans les rites extérieurs, simples et peu nombreux, qui avaient pour but de la manifester au dehors et de la conserver.

Donc, pendant la période qui précéda la loi écrite, malgré les désordres dont la Bible atteste plusieurs fois la gravité, les conditions de salut semblent avoir été assez largement réalisées.

*
* *

La législation mosaïque donna aux vérités contenues en germe dans la révélation primitive un fécond épanouissement.

En même temps elle fut un préservatif contre l'idolâtrie ; le peuple israélite, malgré sa vocation sublime de précurseur, était grossier et esclave des sens ; il ressemblait à ces esprits incultes dont parle Taine, et qui ont besoin de « *toucher toujours des formes.* »

Aussi le divin Éducateur multiplia les actes extérieurs du culte, les sacrifices, les purifications ; mais une même idée se fait jour sous cette complexité apparente ; sous ces rites multiples et divers, dans le sein du peuple choisi, on sent palpiter le Messie promis et attendu, le Sauveur dont les mérites futurs sont le salut de ceux qui espèrent en lui.

Et la Providence qui préparait son berceau, veille avec un soin paternel sur ceux qui devaient être les ancêtres du Christ : les prophètes et les thaumaturges, la prospérité et les fléaux, les alliés et les adversaires, rappellent tour à tour au peuple de Dieu son devoir et sa vocation, et facilitent ainsi le salut des âmes de bonne volonté.

*
* *

Quant aux autres peuples, ils gardaient des vestiges de la révélation primitive, qui avait pénétré partout.

Plus d'une fois sans doute, il n'en restait que d'informes débris ; mais les excroissances qui défiguraient la vérité révélée ne l'avaient pas étouffée complètement ; et partout, aux époques historiques les plus anciennes, on rencontre une certaine notion de l'unité de Dieu, de la loi morale et de l'immortalité de l'âme (1).

Ils avaient en plus la grâce intérieure qui n'a jamais manqué à personne, ainsi que le spectacle de la nature et des œuvres de Dieu. Ainsi, dit la sainte Écriture (Act., xiv, 16), Dieu ne s'est jamais laissé sans témoignage ; la création le révèle à toute conscience droite ; car elle n'est, dit Platon, que l'ombre de Celui qui est.

La Providence leur ménagea encore un autre moyen : le peuple juif était pour ses voisins un foyer de lumière, et il semble avoir reçu de Dieu la mission de promener dans tout l'Orient le flambeau de la foi.

Il est possible que le premier séjour du peuple hébreu en Égypte ait exercé une influence réelle sur la religion de ce pays, et par là sur les philosophes grecs eux-mêmes qui empruntèrent certaines idées aux prêtres égyptiens.

Ensuite, comment l'histoire merveilleuse du peuple de Dieu n'aurait-elle pas eu un retentis-

____

(1) De Broglie, *Problèmes et conclusions de l'histoire des religions*, p. 45-51.

sement profond dans l'histoire et les systèmes religieux des autres peuples ?

Pendant la captivité, les Juifs purent encore donner à leurs vainqueurs la connaissance du vrai Dieu ; et quand ils furent mis en liberté, ils se dispersèrent un peu partout, emportant avec eux l'idée monothéiste et messianique.

Les ténèbres furent donc loin d'être complètes dans le monde avant Jésus-Christ ; elles furent traversées en tous sens par la lumière de la révélation.

Mais il faut avouer malgré cela que, dans les temps historiques, on ne trouve le monothéisme pur chez aucun peuple ; partout il est défiguré par les rêveries du panthéisme, du polythéisme et du dualisme.

*
* *

L'Eglise catholique a été constituée par Jésus-Christ dépositaire de la vérité intégrale et des moyens ordinaires de salut.

Entourée d'une robe de lumière, dit Bossuet en son magnifique langage, elle occupe le sommet rayonnant sur lequel l'humanité entière est appelée à monter et où se trouvent avec elle les peuples baptisés et catholiques, ceux que Joseph de Maistre appelle les peuples « au front lumineux ».

Mais, à côté et au-dessous, il y a d'autres formes religieuses.

Par le fait du démon séparateur, dit saint Augustin, le dogme a été mutilé, les lambeaux de la Raison céleste ont été dispersés et les membres du Verbe gisent partout, lacérés.

Car, dans chacune de ces religions « à hauteur d'homme », il y a des fragments parfois majestueux de la vérité catholique.

Nous trouvons d'abord les confessions chrétiennes. Leurs adhérents peuvent avoir une foi vraie, appuyée sur ses vrais motifs, sans qu'ils aperçoivent l'obligation d'entrer dans l'Église catholique ; tant est grande la force des préjugés, de l'éducation et des habitudes. Avec cette foi suffisante pour le salut, ils ont pu conserver l'usage de quelques sacrements ; par exemple, les luthériens, les anglicans ont gardé le baptême ; mais leur foi à ce sacrement est altérée par plusieurs erreurs doctrinales, et, aujourd'hui surtout, par un véritable esprit rationaliste ; de sorte que l'Église catholique, avant de reconnaître la validité du baptême conféré par eux, s'impose une enquête sur chaque cas particulier.

D'autres, par exemple, les schismatiques orientaux, ont conservé le sacrement de pénitence, dont la validité est assurée au moins à l'heure de la mort, puisque l'Église donne à tous les prêtres dont l'ordination a été valide, la juridiction sur tout pénitent en danger de mort.

Il y a ensuite les sectes non-chrétiennes qui professent le monothéisme ; par exemple, les Juifs, les Mahométans. La croyance aux dogmes fondamentaux qu'ils ont conservés, repose sur une autorité traditionnelle venant de la révélation ; ils peuvent donc avoir la foi nécessaire au salut, et aussi les autres dispositions requises pour la justification. Malheureusement cette autorité de la révélation a fléchi dans bien des esprits ; il y a chez beaucoup de disciples du Coran, une perversion profonde du sens moral ; quant aux Juifs, personne n'ignore que beaucoup d'entre eux ont plutôt foi en Mammon qu'au Dieu de Moïse !

Enfin il reste les sectes non monothéistes, qui ne croient pas au vrai Dieu.

Ce genre d'infidélité s'étend comme un linceul funèbre sur une partie considérable du globe.

Il faut avouer que les peuples qui en sont enveloppés sont les plus déshérités au point de vue religieux.

Cependant leur situation offre plus d'un côté consolant.

D'abord, la prédication des missionnaires a jeté dans le monde entier des lueurs dont beaucoup de ces infidèles ont pu déjà apercevoir le reflet.

Ensuite, on trouve chez tous, à travers les superstitions du fétichisme et la croyance aux mauvais génies, l'idée d'un être supérieur qui récompense et qui punit, ainsi que les premières notions de l'ordre moral, et le bouddhisme qui semble si éloigné de la vérité catholique, ne fait pas exception.

Il faut bien le remarquer encore ; ce n'est pas, comme on l'a cru quelquefois, une chose matérielle qu'honorent les adeptes du fétichisme ; ce sont plutôt les génies inférieurs à qui Dieu a confié le gouvernement du monde. Dans une réunion de prêtres, à Paris, Mgr Le Roy, supérieur de la Congrégation du Saint-Esprit, qui a passé de longues années en Afrique, disait, le 11 janvier 1899 : « On a dit que le sauvage se proternait devant un morceau de bois, en tant que bois ; c'est une fausseté : le païen ne se prosterne devant un morceau de bois que parce qu'il le croit influencé par le surnaturel. » Comme il ne peut concevoir les êtres spirituels, il les suppose toujours plus ou moins unis aux choses matérielles.

On s'est demandé comment ces sauvages peuvent avoir, des deux vérités nécessaires, l'existence d'un Dieu juste, une foi vraiment divine et appuyée sur une révélation dont ils n'ont pas l'idée.

Il faut bien admettre d'abord que la manière d'arriver au vrai la mieux adaptée à leur situation, c'est moins de le découvrir par eux-mêmes que de recevoir des notions toutes faites.

Il est donc tout naturel qu'en religion ils croient ce qu'ont cru leurs ancêtres, c'est-à-dire ce que ceux-ci ont reçu de leurs pères.

Et la première origine de ces connaissances religieuses, dit fort justement l'*Ami du Clergé* (1), se perd dans un mystère qui « implique quelque chose de divin », peut-être une révélation proprement dite et des rapports directs de la Divinité avec les premiers hommes.

« Ils croient, parce qu'on leur a dit, et finalement, en analysant cet *on*, il s'y trouve Dieu : c'est le vrai motif de la foi divine. »

*
* *

Supposons maintenant que le surnaturel ne

____

(1) 5 Décembre 1901.

soit pas même en germe dans certaines religions plus grossières.

Dieu abandonnera-t-il les êtres dégradés qui les professent?

Non, répond hardiment saint Thomas, avec toute la tradition théologique ; Dieu leur enverrait plutôt un ange, pour leur enseigner ce qui est nécessaire (1).

« La belle machine que cet Ange! » s'écrie Rousseau.

A. Nicolas a mieux compris la pensée du Docteur Angélique ; ce n'est, dit-il, « qu'une manière d'exprimer la bonté de Dieu et la charité de la doctrine catholique qui conçoit plutôt une exception aux lois de la nature que la perte d'un seul homme de bonne volonté (2) ».

En effet, supposons un homme à la conscience droite et honnête qui observe de son mieux, avec les secours ordinaires de Dieu, les prescriptions de la loi naturelle, telle qu'il la connaît.

De telles âmes existent, nous disent les missionnaires qui les rencontrent ; on en trouve qui, sans avoir jamais entendu parler du vrai Dieu, semblent l'avoir deviné et même presque aimé : le cœur n'a-t-il pas comme l'intelligence ses intuitions et ses révélations?

Elles n'opposent à la grâce aucun obstacle ; sans avoir rien fait pour la mériter, puisqu'elle est absolument gratuite, elles lui offrent cependant un terrain mieux préparé. Car, si Dieu sait faire de l'obstacle un moyen et un levier

____

(1) *De Veritate*, q. xiv, a. 11, ad 1um.
(2) *Etudes philosophiques*, t. III, ch. xiv.

et trouver dans nos fautes elles-mêmes une occasion de manifester sa miséricorde, plus souvent il adapte l'action de sa grâce à la condition des hommes qu'il veut attirer à lui.

Les quelques idées religieuses dont vivent les infidèles, si grossières qu'elles paraissent, sont comme une pierre d'attente, une préparation lointaine à la vérité complète. Avant d'être chrétiens, par le fait qu'ils obéissent à la voix de leur conscience, ils sont déjà les disciples du Verbe éternel qui, avant de nous apparaître sous les traits de l'Homme-Dieu, est la « Raison souveraine » dont toute intelligence est un reflet, et qui se révèle à tous les hommes par les lumières de la raison naturelle.

Dieu se doit donc à lui-même de venir à leur aide et de faire apparaître à leur ciel l'étoile qui les conduira au but de toute destinée humaine, c'est-à-dire à la lumière de la foi et au sein de l'Eglise.

Il peut assurément à cette fin leur envoyer un ange ; car, dit saint Paul (Hebr., i, 14), la mission des esprits célestes est d'aider les élus dans la préparation de leur éternel avenir.

Mais il peut aussi actionner directement les esprits et les cœurs, et faire briller aux yeux des infidèles cet éclair d'en haut qui s'appelle la grâce ; n'est-il pas le foyer auquel s'allume toute intelligence ?

> Le Verbe est le séjour de nos intelligences,
> Comme ici-bas l'espace est celui de nos corps (1).

(1) Alfred de Vigny.

Fénelon décrit avec bonheur ce travail de la grâce. « Je crois, avec saint Augustin, que Dieu donne alors un premier germe de grâce intime et secrète qui se mêle imperceptiblement avec la raison, et qui prépare l'homme à passer peu à peu de la raison jusqu'à la foi. C'est ce que saint Augustin nomme : *inchoationes quædam fidei conceptionibus similes*, une ébauche de la foi se cachant sous la forme d'une pensée. Dieu mêle les commencements du don surnaturel avec les restes de la bonne nature (1). »

Quelquefois donc, la grâce prend la forme d'une pensée purement subjective et d'un fait exclusivement psychologique ; par ce « sens du divin » qui est au sommet de toute intelligence, l'âme s'ouvre à l'action de Dieu. « Heureuses, dit l'*Imitation de Jésus-Christ*, les oreilles qui perçoivent les ondulations de ce divin murmure ! » Heureux ceux qui entendent ce langage lumineux que Dieu tient au fond des consciences et que Bossuet appelle « les occultes et particulières insinuations de la vérité ».

D'autres fois et plus souvent, la grâce s'enveloppe de circonstances extérieures qui sont comme les messagères de la Providence ; l'histoire de la grâce nous en fournit des exemples remarquables ; saint Augustin est attiré par un livre, les mages par une étoile, les Apôtres par la pêche ; et au xixe siècle, à l'aide de divers moyens extérieurs, la grâce a fait d'illustres conquêtes, encore présentes à l'esprit de tous.

Enfin il arrive que Dieu complète par les mi-

(1) Fénelon, *Lettres*.

nistres de son Eglise l'œuvre commencée au dedans par la grâce ; c'est ainsi que saint Pierre fut envoyé miraculeusement au centenier Corneille (Act., x), et saint Paul aux Macédoniens (Act., xvi).

Les formes que revêt la grâce sont donc multiples et variées ; mais le résultat est toujours le même : c'est l'envolée sublime de l'âme qui, ayant reçu ce « coup au cœur », s'oriente peu à peu vers l'au-delà mystérieux dont les lumières naissantes de la foi lui font pressentir l'aurore !

Le nombre des élus.

Sur cette question, Notre-Seigneur a évité de se prononcer.

On lui demande : « *Sont-ils rares, ceux qui se sauvent ?* » Il répond par un conseil de vie pratique : « *Efforcez-vous d'entrer par la porte étroite.* » (Luc, xiii, 23).

L'Eglise imite cette réserve ; elle affirme dans une de ses oraisons que « Dieu seul connaît le nombre de ceux qui doivent entrer dans le séjour des élus » ; il n'y a pas un homme dont elle dise qu'il est damné ; elle ne se prononce sur le sort éternel des hommes que dans les cas relativement rares de béatification et de canonisation.

L'excommunication elle-même n'est pas une sentence de damnation ; c'est une pénalité par laquelle l'Eglise chasse de son sein un pécheur obstiné, jusqu'à ce qu'il ait manifesté de meilleurs sentiments. Mais elle n'entend pas prononcer une sentence sur ses dispositions intérieures, encore moins sur sa destinée éternelle : *Ecclesia non judicat de internis.*

Quelquefois l'excommunication poursuit le cadavre, et l'Eglise refuse au coupable impénitent les prières publiques ; mais, alors même, elle ne veut que flétrir la mémoire du défunt, et inspirer par là à ses fidèles une horreur plus grande du vice et du mal.

On a prétendu trouver dans l'Ecriture sainte

des arguments qui prouvent le « petit nombre » des élus. On a exploité surtout dans ce but le texte répété deux fois : « *Il y a beaucoup d'appelés, mais peu d'élus* (1). »

Ainsi présenté, il paraît, en effet, très clair. Mais si on le rapproche du contexte, le sens paraît être bien différent ; d'autant plus que le mot εκλεκτοι n'a pas dans la sainte Écriture le sens très spécial que nous lui donnons dans le langage courant.

Cette sentence termine d'abord la parabole des ouvriers appelés à la vigne aux différentes heures de la journée. *Il y a peu d'élus*, dit le Maître, c'est-à-dire suivant le sens qui paraît le plus plausible, il y a peu d'âmes d'élite qui se donnent à Dieu dès la première heure ; cependant tous ceux qui vont au travail reçoivent la récompense.

Ces paroles suivent encore la parabole des invités aux noces. *Il y a peu d'élus*, c'est-à-dire peu d'âmes de choix qui se rendent aussitôt à l'invitation ; mais ceux qui avaient différé pourront venir dans la suite. Un seul en fait est exclu.

On peut préférer d'autres interprétations ; mais la plupart des commentateurs modernes avouent que celle qui y voit affirmé le « petit nombre » des élus n'a pas grande probabilité.

C'est ce que reconnaît un théologien romain des plus autorisés, le P. Janssens : *Fatendum est*, dit-il, *hæc verba hoc sensu utrique parabolæ non tam facile aptari* (2).

____

(1) Matt., xx, 16 ; xxii, 14.
(2) *De Deo*, t. II, p, 496.

On argue encore d'un autre passage : « *La voie qui conduit au ciel est étroite*, dit Jésus, *et il y en a peu qui la suivent* (1). » Mais le contexte semble bien prouver qu'il s'agit uniquement des Juifs qui profitèrent si peu de la prédication du Sauveur.

D'autres auteurs voient plutôt dans l'Evangile la preuve du grand nombre des élus ; en effet, ils y sont comparés au bon grain, et les réprouvés à l'ivraie ; or, dans un champ bien cultivé, il y a plus de bon grain que d'ivraie. De même, il y a plus de bons poissons que de mauvais dans les filets du pêcheur ; sur trois serviteurs, un seul est puni.

Mais il nous semble beaucoup plus juste de dire avec le *Dictionnaire de la Bible* : « On ne peut fonder *aucune présomption*, quant au nombre des élus, sur les paraboles évangéliques (2). »

On a essayé encore d'étayer la thèse du « petit nombre des élus » sur des figures tirées de l'Ancien Testament ; par exemple, la famille de Noé échappant seule au déluge serait l'image du nombre infime des élus ; mais saint Pierre qui rappelle ce fait ne dit pas un mot qui puisse nous renseigner sur le nombre de ceux qui sont sauvés (3).

D'après Isaïe, dit-on encore (4), les élus ne seraient pas plus nombreux que les grappes de raisin après la vendange et les épis après la moisson ; mais le prophète ne parle là que des

(1) Matt., VII, 13.
(2) Article *Élu.*
(3) Ia Pet., III, 20.
(4) Ch. XVII et XXIV.

hommes qui survivront à la dévastation de la Judée.

*
* *

La tradition catholique est loin d'être unanime sur cette mystérieuse question.

Au IIIe et au IVe siècle, on croyait assez généralement au salut de tous les chrétiens. Cette opinion s'accrédita d'abord, à cause de la ferveur des premiers chrétiens ; puis quand les mœurs se furent relâchées, on attribua au caractère baptismal les garanties de salut qu'on trouvait d'abord dans la sainteté des fidèles. Cette conception de salut n'était pas sans analogie avec celle qui voit un signe infaillible de prédestination dans tel ou tel insigne, comme le scapulaire, ou dans l'habit de tel ordre religieux (1).

Dans le Traité *De fide et operibus*, saint Augustin combattit énergiquement cette théorie qui finit par disparaître.

Les Pères qui ont suivi se prononcent généralement pour l'opinion du « petit nombre » des élus.

Mais, à cette occasion, il faut se rappeler les règles théologiques qui doivent nous guider dans l'interprétation de leur témoignage.

L'autorité des Pères est souveraine, quand ils s'accordent pour enseigner qu'une chose est de foi et appartient au dépôt de la révélation.

Mais si tout en affirmant un point de doctrine, ils ne le donnent pas comme révélé, leur

---

(1) Turmel, *L'Eschatologie à la fin du IVe siècle*, p. 32.

enseignement n'est que respectable, et, avec une raison grave, il est permis de s'en écarter (1).

« *Neque ideo* (interpres) *viam sibi putet obstructam, quominus, ubi justa causa adfuerit, inquirendo et exponendo ultra procedat.*» (Encyclique *Providentissimus*.)

Or les Pères donnent bien leur manière de voir sur le nombre des élus, surtout à l'occasion de certains passages de l'Ecriture ; mais on ne voit pas qu'ils la proposent comme une doctrine venant des Apôtres, ou appartenant à la Révélation, et qu'il n'est pas permis de rejeter sans s'écarter de l'orthodoxie.

C'est cependant sur leur enseignement que les Jansénistes ont appuyé leur « théologie sauvage », avec son Christ aux bras étroits, et son ciel à peine entr'ouvert. Massillon a été l'Apôtre le plus célèbre de cette théorie désespérante ; mais toute son éloquence n'empêche pas le sermon sur le *petit nombre des élus* de reposer sur un sophisme : il exige, comme condition indispensable de salut, l'innocence ou la pénitence héroïque, alors qu'il suffit de la pénitence ordinaire, c'est-à-dire du repentir avec la volonté de changer de vie.

Quant aux raisons *a priori* elles ne sont concluantes ni dans un sens ni dans l'autre. Elles sont assez souvent basées sur une fausse conception du salut, qu'on regarde comme l'enjeu d'une lutte entre Jésus-Christ et le démon, alors qu'il est avant tout une affaire personnelle à chaque homme.

(1) *Études religieuses.* Novembre et Décembre 1890. Article du P. Brucker.

Quel que soit le nombre des élus, la victoire reste à Jésus-Christ, par le fait qu'il a donné à tous les hommes de larges moyens de salut.

Quant à la sagesse de Dieu, elle est hors de cause, pourvu qu'elle ait dosé notre liberté de telle façon que la vie soit une épreuve raisonnable.

*
* *

Alors, direz-vous, il est possible, probable peut-être que le plus grand nombre des hommes seront sauvés ?

Mais, regardez donc le monde du haut de l'idéal chrétien ! Voyez quelle petite place y occupe l'Eglise qui ose s'appeler catholique et se donner comme la condition indispensable du salut !

Environ un milliard et demi d'hommes peuplent la terre. Or 500 millions au plus professent le Christianisme, et la moitié à peine de ceux-ci sont dans la véritable Eglise !

Essayons cependant, non de faire des évaluations même approximatives, mais de donner quelques principes de solution.

D'abord si on consulte les statistiques, on voit qu'un tiers des enfants meurent avant l'âge de raison. Or, aucun d'eux, avons-nous dit, n'est condamné à l'enfer ; beaucoup sont baptisés, soit au sein de l'Eglise, soit par des hétérodoxes qui administrent validement ce sacrement. Ainsi leur salut est assuré, et comme on l'a bien dit, « l'éternité bienheureuse ne leur coûte que d'avoir passé ici-bas pour y sourire à leur mère ».

Quant aux catholiques adultes, beaucoup meurent encore avant l'âge des passions et risquent moins de voir leur salut compromis. Les autres, il faut l'avouer, vivent, en grande majorité assez mal ; mais quand, suspendus sur le bord extrême de la vie, ils voient venir à eux le mystère de l'au-delà, la plupart se préparent à la mort d'une façon suffisante.

La grâce, d'ailleurs, se fait plus pressante à ce moment suprême. « La compassion de Dieu pour les mourants, dit le P. de Condren, passe toute idée. » Un élan du cœur sous l'influence de la grâce, et ce peut être assez pour que l'homme fixe sa destinée à l'instant décisif.

On a mis en doute la sincérité de la plupart de ces conversions *in extremis*, parce que les moribonds qui reviennent à la santé ne changent généralement guère de vie. Il est certain qu'un bon nombre ne peuvent inspirer qu'une médiocre confiance ; mais cependant il faut reconnaître qu'autre chose est la disposition actuelle du cœur, qui peut être bonne et suffisante, et autre chose la persévérance future : l'expérience de chaque jour nous le dit assez.

Que faut-il penser du salut des chrétiens séparés de l'Eglise ? Il est hors de doute que le grand nombre est dans la bonne foi ; à qui fera-t-on croire que le paysan russe, à genoux devant ses icônes, a conscience du schisme dont il est victime ? Newmann, malgré la pénétration de son esprit et l'intégrité de sa vie, n'affirmait-il pas avoir vécu de longues années dans l'anglicanisme, sans avoir même un doute sur la légitimité de cette religion ?

Il y a cependant un côté plus inquiétant dans

la situation de nos frères séparés ; c'est l'absence de nombreux moyens de salut qui se trouvent dans la véritable Église, tels que les sacrements. Il est impossible de savoir dans quelle mesure Dieu y supplée.

Restent les infidèles. Dieu, nous l'avons vu, ne les abandonne pas : « Plus un être est disgracié par la nature, plus il est aimé, protégé, soigné en secret par sa mère : ceci est copié sur Dieu. » Cette pensée de Mgr Bougaud (1) est le touchant commentaire des textes nombreux par lesquels la sainte Écriture affirme que Dieu est pour chacune de ses créatures le meilleur des pères.

« Il est doux de penser, écrit le P. Faber, que Dieu enveloppe chaque âme humaine d'un réseau d'amour. L'Européen affairé, l'Oriental silencieux, l'aventureux Américain, l'épais Hottentot, le sauvage Australien, le Malais féroce, tous l'ont auprès d'eux... Si nous pouvions pénétrer les secrets de l'histoire des âmes, nous le verrions enlacer jusqu'aux plus féroces idolâtres dans les liens de son amour (2). »

Dieu, avons-nous dit, peut, à défaut de l'apostolat extérieur, agir directement sur les âmes. On objectera que ces révélations privées sont un moyen extraordinaire, dont Dieu par conséquent n'use qu'exceptionnellement.

Je réponds que cette révélation n'est privée que par rapport au sujet, puisque les vérités qui sont proposées à l'infidèle par cette voie,

____

(1) *Le Christianisme et les temps présents*, t. V, p. 368 (5ᵉ édit.).
(2) *Le Créateur*, liv. III, ch. ɪɪ, p. 112.

font partie de l'enseignement officiel de l'Eglise. De plus, ce moyen n'est extraordinaire que par rapport à nous, puisqu'il est pour ces peuples le moyen ordinaire.

Est-il besoin d'ajouter encore qu'ils ne seront pas jugés sur le Décalogue qu'ils ignorent, mais sur les données les plus élémentaires de la loi naturelle, telles que le meurtre, le parjure, l'adultère, et que pour les avoir méconnues, ils seront punis moins sévèrement que les chrétiens, parce qu'ils sont moins éclairés.

Pour conclure enfin, avouons que trop d'éléments nous manquent, pour pouvoir porter un jugement d'ensemble sur le nombre des élus. Que savons-nous d'abord de la durée et de l'avenir du monde ? Peut-être prenons-nous le prologue pour la pièce ; peut-être ne sommes-nous qu'à la préface de ce livre où s'écrivent chaque jour les annales de l'humanité.

Peut-être, ajoute le P. Monsabré (1), sommes-nous encore trop hantés par les idées géocentriques qui concentrent notre attention sur l'humanité et nous font perdre de vue l'ensemble de la création. Les anges en foule, peut-être d'autres créatures inconnues, viendront grossir l'immense multitude des élus. (Apoc., vii, 9.)

Enfin, nous croyons trop volontiers que l'Eglise n'a d'autre porte ouverte sur le paradis que notre petite chapelle. Nos jugements sont

___

(1) Conférences 1889, *Le nombre des élus.*

toujours incomplets et fragmentaires ; souvent, ils ne sont qu'une contrefaçon des jugements de Dieu. La valeur d'une vie humaine ne dépend pas de sa conformité extérieure avec la loi ; et ce côté des actions de nos semblables est cependant le seul que nous connaissons avec certitude ; elle dépend des dispositions intimes, de la bonté ou du mal qu'y voit l'intelligence et qu'y veut la volonté.

Et, dans ce domaine que d'ignorance, de préjugés, d'inconscience !

« Il est certain, disait Pie IX, le pape du Syllabus, aux évêques réunis à Rome, le 9 décembre 1854, que l'Eglise est la seule arche du salut. Mais il faut tenir également pour certain que l'ignorance non coupable de la vraie religion, ne constitue pas la moindre faute devant Dieu. Or, qui serait assez osé pour pouvoir fixer les limites de cette ignorance, vu surtout les raisons diverses et multiples de nations, de pays, de caractère, et d'une multitude d'autres circonstances. »

Jésus-Christ ne disait-il pas déjà à ses disciples que plusieurs, en les persécutant, croiraient faire œuvre agréable à Dieu ?

Et un apologiste moderne a pu écrire avec vraisemblance en tête de son œuvre : « La grande majorité des adversaires du catholicisme vit dans la bonne foi (1). »

Et à côté de ces ignorances, que de mâles vertus, surtout chez le peuple, au milieu de l'âpre labeur de chaque jour ! Le dévouement jusqu'au sacrifice, la fidélité à la parole donnée,

____

(1) *Dictionnaire apologétique* de l'abbé Jaugey. *Préface,* p. ix.

la loyauté et la franchise, ne préparent-elles pas admirablement l'âme à recevoir l'action de la grâce ?

Les vers de Lamartine viennent d'eux-mêmes sous la plume :

> Ils ont péché mais le ciel est un don ;
> Ils ont souffert, c'est une autre innocence ;
> Ils ont aimé : c'est le sceau du pardon !

Aussi les hommes dont le cœur ressemble le plus à celui de Dieu, les saints, sont d'une indulgence qui étonne.

N'est-il pas permis de croire que la justice et la bonté, en grandissant en eux, jusqu'à l'infini, ne les feraient pas changer d'avis ?

*
* *

Quoi qu'il en soit, on peut affirmer, nous semble-t-il, que l'Eglise n'a adopté aucune opinion particulière sur le nombre des élus.

En montrant que l'opinion assez généralement admise ne peut être érigée en certitude, nous n'avons fait qu'user d'un droit strict, tout prêt d'ailleurs à accepter sur ce point particulier comme sur tous ceux qui ont été effleurés dans ce travail, le jugement souverain de l'Eglise.

Quant à la conclusion à tirer, elle se dégage d'elle-même : il y a une question plus importante que de connaître le nombre des élus et l'application des moyens de salut, c'est de savoir si nous-mêmes nous serons au nombre des élus.

Travaillons jusqu'au soir de notre journée, pour parler le langage de l'Evangile, partagés entre la confiance que doit nous inspirer la vue des facilités de salut que la bonté divine a données à tous, et la crainte des défaillances si fréquentes et toujours possibles de notre liberté, nous rappelant, en face des redoutables responsabilités qui pèsent sur nous, le mot de saint Paul : « Faites votre salut avec crainte et tremblement. » (Philipp., ii, 12).

PRINCIPAUX OUVRAGES CONSULTÉS

R. P. BILLOT. — *De Ecclesia Christi.*

Card. MAZZELLA. — *De Ecclesia.*

R. P. DUBLANCHY. — *De axiomate : Extra Ecclesiam nulla salus.*

L'abbé DE BROGLIE. — *Problèmes et conclusions de l'histoire des Religions.*

TURMEL. — *L'Eschatologie à la fin du IV° siècle.*

R. P. GODTS. — *De paucitate salvandorum quid docuerunt sancti ?*

R. P. CASTELEIN. — *Le rigorisme, le nombre des élus, et la doctrine du salut.*

R. P. COPPIN. — *La question de l'Evangile : Seigneur, y en aura-t-il peu de sauvés ?*

LESÊTRE. — Dans le *Dictionnaire de la Bible* publié par M. Vacant. Article : *Élu.*

M. le chanoine PERRIOT. — Article : *Hors de l'Église point de salut,* dans le *Dictionnaire Apologétique* de l'abbé Jaugey.

R. P. MONSABRÉ. — Conférences 1889 : *Le nombre des élus.* — Conférences 1876 : *L'action de la grâce.* — Conférences 1881 : *La société des rachetés.*

Mgr MÉRIC. — *L'autre vie.*

FABER. — *Le Créateur et la Créature.*

MAURAN. — *Elus et sauvés.*

LACORDAIRE. — Conférences 1851 : *Des résultats du gouvernement divin.*

JANSSENS. — *Prælectiones de Deo uno.* T. II de *Prædestinatione.*

A. NICOLAS. — *Etudes philosophiques,* t III.

Mgr BOUGAUD. — *Le Christianisme et les temps présents,* t. V.

PERREYVE. — *Entretiens sur l'Eglise catholique.*

Mgr FREPPEL. — *Les Apologistes chrétiens au II° siècle.*

VIGOUROUX. — *La Bible et les découvertes modernes,* surtout t. III.

TABLE DES MATIÈRES

Application des moyens de salut.

Le nombre des élus.

1385-02. — Imprimerie des Orphelins-Apprentis, F. Blétit, 40, rue La Fontaine, Paris-Auteuil.

www.ingramcontent.com/pod-product-compliance
Lightning Source LLC
Chambersburg PA
CBHW051146050726

47594CB00003B/1261